오늘 지금

이 강령

따르릉 따르릉

온출판사 시선 1
오늘 지금

초판인쇄 2023년 6월 15일 | **글·그림** 이강령 | **펴낸이** 김선동
펴낸곳 온출판사 | **출판등록** 2023년 4월 25일 제25100-2023-000009호
주소 700-442 대구시 중구 남산2동 938-8번지 미래빌딩 3층 302호
전화 053)252-4038 | **팩스** 053)284-5151 | **홈** https://cafe.daum.net/Every
이메일 tpseh207@hanmail.net

ISBN 979-11-983304-1-3 04810
ISBN 978-89-93304-3-7(세트)
값 10,000원

*잘못된 책은 교환해 드립니다.
*저자와의 협의로 인지는 생략합니다.

오늘 지금

이 강령

시/인/의/ 말/

날개 달린 일상을 노트에 넣어 놓고 오랜 시간 지나
다양한 모습으로 만들어지는 글 속에 담겨있는
내가 있었다

숲숲에 가서 가방 안의 글을 꺼내 들면
쑥스럼도 자연스레 스쳐간다
눈송이와 빗방울을 받아 다시 하늘로 보내던 시간들

늘 미소만 지으시던 아버지는 구름 걷어내고
초승달을 보내시네
노심하여 나날을 보내셨을 엄마께 감사드리고
감히 내가 보호한다고 생각했던 아들이
나를 지켜봐 주는 선물이 되어 감사하다

내 손 위에 갈 길을 하나씩 얹어주던
진심을 다 해 주신 스승님께 무한한 감사를 드리고
글과 함께 살아갈 수 있게 기회를 준 한비문학회에
깊은 감사를 드린다

소망과 기도를 기적으로 보내주신 나의 하나님께
마음 다해 감사를 드린다

꽃삽 이강령

오늘이 추억 되고
지금이 추억 되는.

이강령

차/례

1장

하루_16

밥통 속의 호일 덩어리_18

풍선_20

소풍_22

아지랑이_24

자전거 뒤 안장_26

불꽃_28

엉덩이 들썩 눈은 초롱초롱_30

선물_32

폭신폭신 내 인형_34

간식_36

합체_38

촛불_40

수학 과외 선생님_42

마늘이 행방불명_44

눈 오는 날 아들 향한 기도_46

누에고치_48

바늘 맴맴이_50

2018년 5월 8일 치즈케이크_52

살금살금_54

너만의 너가 만들어지길 바라며_55

2장

흰 구름_61

비의 미소_62

너의 손_64

살며시_66

무지개_67

울어도 될까요_68

새벽_69

선물_72

소풍_74

3장

김장_76

어부바_80

눈송이_82

맛있어_84

4장

장항 송_87

솔숲 송_88

5장

크리스마스 꿈_90

비밀_92

친구_93

흰 구름_94

나란히_96

무지개_98

나에게_99

오늘 지금

이강렴

따르릉 따르릉

1장

널찍한 이마트 한 코너를 차지한
로봇 건담 앞에 서 있는 아들과 나

하루

자전거에
대나무 낚시 싣고

봄바람 스쳐 가는데
보드랍다

"내 허리 꽉 잡아 아들"

고기 낚는 사람들이 눈에 띄고
낚시꾼이 지렁이를 끼워준다

강 속에서 사라져 버린 미끼

"물고기는 없지만
오늘이란 추억을 낚는 거야"

밥통 속의 호일 덩어리

아들의 빈자리

붙어버린 뱃가죽은
텅 비어 있을 밥통 뚜껑을
열어 본다

따끈한 호일 덩어리

옥수수 한 개 먹고
하나를 남기고 갔구나

네 마음을 놓고

풍선

터질까
두 눈 질끈

네 손에 스치게

천정 하늘은
구름으로 가득

고개 들면
색의 꿈이 그려지게

들어오는 너의 눈빛
웃음 머금게

튕겨지는 소망들

소풍

조물조물
주물주물

두 바퀴 반으로
김밥이 완성되네

솔밭에 자리 잡은
선생님과 아이들과
엄마들이 옹기종기

입안에 터지는 정성에
흐뭇해하는 아들
그 미소에 나도 방긋

코끝에서 춤추는 솔향기
하늘 향해 고개를 드네

장난감 비행기
솔숲 하늘에 날리며
비행기 따라 뛰어다니는 아들
나는 빙그레 두 팔 벌려 돌아본다

하늘을 날아 보는 오늘을 담는다

아지랑이

햇살을 더한 봄날

따스한 소풍

맛나게 먹을 생각에
종일 미소 짓는 나

저녁에 무언가 먹고 있는
너는

엄마의 정성을
싸가지고 왔단다

녹은 치즈김밥을

자전거 뒤 안장

외할머니 집까지
한참을 가야 된단다
"괜찮겠니?"

수건 깔아주께
네 엉덩이 아프지 않게

"자 출발한다"

학교를 지나
철길을 지나서

조금만 참아
거의 다 왔어

굴다리 밑을 지나
논두렁 옆 아스팔트 길 위에서
계속 가 본다

드디어 도착한 외할머니 집

자전거 뒤 안장이 딱딱해서
"네 엉덩이 많이 아프지?"

불꽃

겨울바람 속
초롱한 눈동자

아들과 나

신문지 구겨 넣고

마른 장작
솔향기 피어날까
숨어드는 아궁이

그렇게 눈은 녹았다

엉덩이 들썩
눈은 초롱초롱

널찍한 이마트 한 코너를 차지한
로봇 건담 앞에 서 있는 아들과 나

"갖고 싶은 거 뭐든 골라 봐"

집안 작은 책상에 앉아
일본어도 모르면서
설계도를 펼치고
척척 조립하기 시작하는 아들

1시간 2시간
3시간 4시간

왼쪽 엉덩이 들었다 났다
오른쪽 엉덩이 들었다 났다

너의 눈동자는 호수 되어
별이 떠 반짝반짝 빛이 난다

선물

"인형 예쁘다"
내 말 한마디에
초등인 너는
선뜻 커다란 인형을 내게 사줬지

"CD를 넣을 수 없어"
그날 넌 MP3를 골라
며칠 후 '리차드 막스' 전곡을 녹음 해 줬지
계속 들을 수 있다고

네가 준 피아노 앞에서
똥땅대는 나를 보고 흐뭇해하는 너

어버이날이었지
잔잔한 소릴 좋아하는
내게 맞는 헤드폰을 골라 놓고
맘에 드는 것을 고르라 했지
늘 내 귀를 감싸 주었어

네 방을 닦는 내게
갖고 싶은 것을 고르라 했지
방에 기타를

입대 전날
너의 헤드폰을 가죽 케이스에 넣어
식탁 위에 놓았지
심심할 때 들으라고

나에게 넌
마음이 건강한 너가
선물이란다

폭신폭신 내 인형

항상 그 자리에
하얀 내 인형

말랑해서
어떻게 안아도 상관없다

책상에 내 방에
언제든 나와 같이 다닌다

높이 있고 싶을 때
베고 자도
너는 뭐라 안 한다

말랑말랑 내 인형

니가 뭘 먹을까
생각하지 않아
걱정하지 않아서
맘이 놓인다

니가 있어 참 좋다

간식

아몬드가 하얀 눈이 되고
캐슈넛이 안개가 되고

곶감이 비가 되고
레드향이 촉촉한 조약돌이 되고
초콜릿 조각으로 내 마음 담아 놓고

음..

누군가를 위한
어설픈 손놀림

이것이 행복이네

합체

하루를 담고
티끌 없이 세수를 하고 식탁에 앉아
다른 하루를 연다

어제의 찌고 으깨고 다지고 구운 재료들을
식탁에 깔아 놓는다
한데 모을 껍질을 만들어야 한다

치대고 발효시켜 하나씩 떼어 밀어
껍질을 만든다
하나는 하루의 너의 친구
또 하나는 너의 마음을 움직일 친구

네 입에서
어느 향이 먼저 터지게 할지
작전을 짜야 한다

파인애플, 치즈, 달콤 고구마, 고소 감자,
피스타치오, 캐슈넛, 아몬드, 옥수수, 다져 구운 햄
음.. 열심히 포개자 봉합을 하고 나면
학교서 돌아온 너를 반겨 줄 간식이 완성된다

하나 봉합하고 냉동실로 직행
또, 하나 봉합하고 냉동실로 직행
새벽 2시 3시 4시

냉동실 문을 열면 즐거워할 너
굽는 시간도 행복해할 너
먹는 순간 감동 놈이 오길 바라며
노크를 안 하고 들어오는 행복이란 놈

신나게 먹고
행복놈과 신나게 놀아라

촛불

중등 한해의 어느 날
아들은 묻는다 "뭐 갖고 싶어? 생일날"
"쵸코케익 먹으까?" 나는 말했다
"케익은 당연하고, 와인 사주까?"
라고 말하는 아들

까만 밤에 촛불 켜고
조명은 꺼 버리고

와인 두 잔과
하늘거리는 촛불에 초코케익

한 모금 먹고
인상 찌푸리는 너

포도의 달달함에
미소 짓는 나

촛불이 끔벅끔벅 춤을 추고
박자 맞춰 움직이는 내 마음

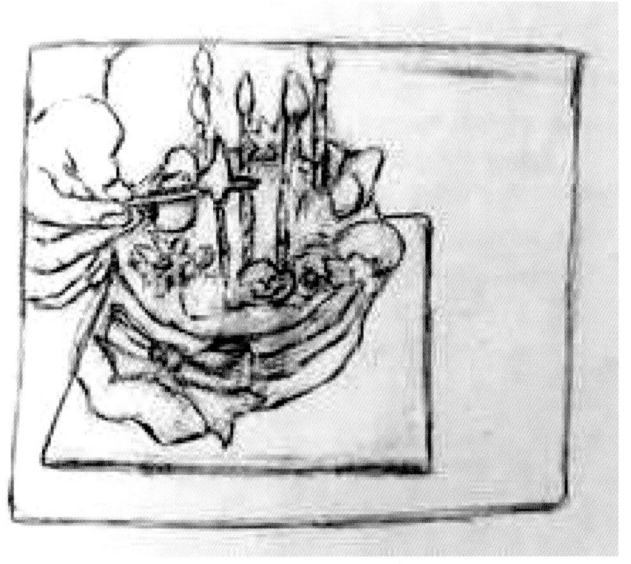

수학 과외 선생님

한 주 두 주
셋째 주 지나도록
면접 보고 수업만 하신다
얼마인지 안 알려 주고

나는 조심스레 문자를 보내고
바로 전화하신 선생님
아직 기초가 약해 고민하셨다고

그런데 세 권의 문제집에 그 많은 숙제를
모르는 가운데서 풀어 오는 성실이면
수업할 수 있다고

잊히지 않는 언어와 마음

어느 날 수업을 마치는 밤 11시
내 차에 타는 아들이 입을 연다
"선생님이 한 등급만 올려도
갖고 싶은 거 사 주신대"

5월 어느 날
인편으로 받은 두둑한 두릅 한 뭉치

내가 드려야 하는데……

어느 날
아들은 친구 둘과
짐 들어 주기 가위바위보를 하면서
집에 왔단다
각자에게 주신 오디 상자

가위바위보를 이겨
오는 내내 즐거웠을 아들

고3 어느 날
엄마 마음 다치지 않게
나 모르게 수업을 하셨단다
맛나게 밥도 먹으며

아들에게 만들어 주신
기쁨의 추억

마늘이 행방불명

해보면 되겠지

너가 좋아하는 쇠고기와
장보기를 모두 내놓고

야채를 씻는 나
크기와 양을 조절해 썰고 있는 너

"마늘은 어딨어?"

마늘을 찾는 너
장바구니에 마늘을 잃어버린 나

마늘을 다시 사 온 너는
썰기와 조합과 굽기로 완성품을 만들고
형체가 모호한 콩, 밤, 도라지를 넣은 내 밥도
뭐라 않고 우리 둘은 맛있게 먹는다

지금을 살아가는
한 장의 오늘

눈 오는 날
아들 향한 기도

하얀 눈으로 뒤덮인
종이 위에
마음의 글을 새긴다

추우면 안 돼
따뜻해야 돼
건강해야 돼

누에고치

은하처럼 긴 곳에
노모가 있는 것만으로도

명주실 한 올 되어
널 감싸는
내가 있는 것이

비단 같은 네 날개 펼 수 있다면

고치를 뚫고 나오는

누에를 향한 내 푸른 숨

바늘 맴맴이

어느 날 한 번씩
엄마를 위해 풀어 놓는
아들 너의 생각 보따리

아이 같은 내가
세상에 겁이 많은 내가
날갯짓하는 내가

아이가 잘 크기를 바라는
엄마처럼

네가 엄마가 되어
내게 맴맴이를 주는구나

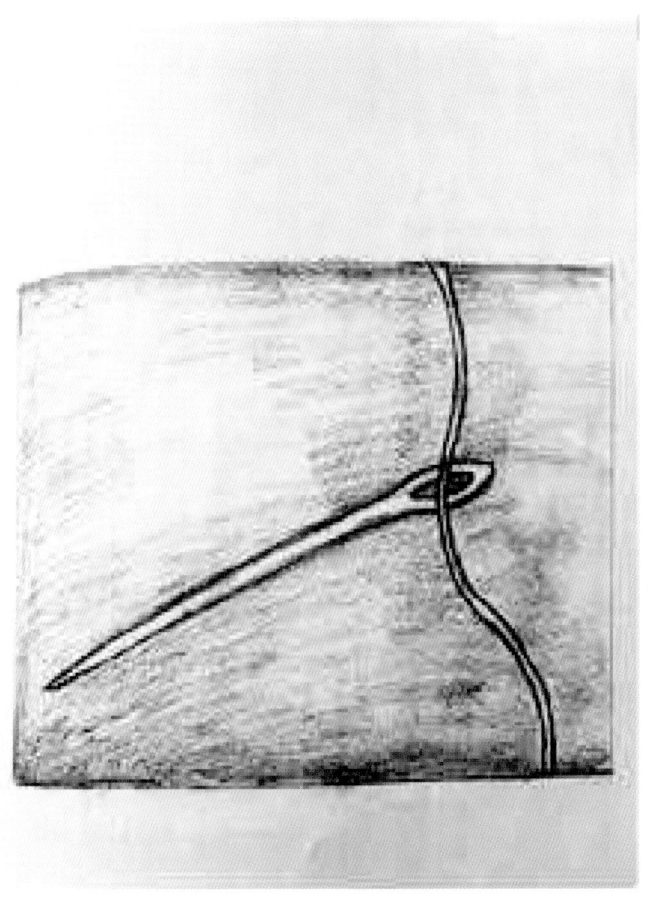

2018년 5월 8일
치즈케이크

나는 모든 에너지를 쏟고
집으로 들어섰다

무심코 열어 본 냉장고 안
한 칸을 버젓이 채우고 있는
커다란 상자

뭐지?

버튼 소리와 함께 들어오는 너

"어버이날이잖아"
"새벽에 나가던데 어딜 가는 거야?"
"30분은 새벽 예배
 30분은 새벽 기도
 30분은 글쓰기하고 오는 거지"
"네가 군대 가고 시작했지" 나는 말했다

바로 들리는 리드미컬한 팝
"오래된 건 그만 들어"라고 말하는 아들

'해변의 도시
거기선 모두가 노랠 하고 산대요
부서지는 파도 앞에 살면서'

살금살금

이른 아침
방바닥 귀는 쫑긋이 세우고 있다
맨발의 디딤에 박자 맞춰 소리를 낸다

누군가의 단잠을 가지고 갈 것 같아
눈을 뜨는 아침엔 양말을 신는다
아들 단잠 자라고

너만의 너가
만들어지길 바라며

혼자 있을 시간에

아늑하라고
정글이 새단장한다

공부하라 않는 이유는
원하는 것을
신나게 하길 바라서다

어떤 사람이기보다
타고난 장점이 완성되길

놀 때
같은 마음으로 대한 것은
즐길 줄 아는 사람이길

힘들 때 표현 안 한 것은
긍정적으로 자라길

언어 대신
나부터 바뀜은

행동이 중요함을

큰일 앞에서 초연한
입이 무거운
당당히 표현하는

네가 되었다

2장

빛으로 쓸어내리는 까만 침묵
잉어의 입속으로 찾아드는 별들

흰 구름

반 뼘 꽃신 소녀

지나간 시간을 들고
산등 낙엽길 밟는다

지는 님 부여잡고
우짖던 그 밤
추억은 꿈속에 있다

멈칫한 바람 지나면
안개 같은 그리움 스쳐간다

뽀얗게 익는 봉분

비의 미소

삐걱대는
자전거 타고

터덜

벌판으로 가는 아버지

여름의 마지막 날
덩달아 신난 수화기

"뭐 먹고 싶니?"

아침에 두고 온
새들의 허기가 채워지면

밤빛에
배부른 웃음

너의 손

팔십 하나 주름 이마

엄마는 "고구마가 커서 넌 못해"
라고 말하신다

호미를 주무르던 두툼한 손에
삶아진 고구마는
뭉개져 얇아졌다가
철석 치대졌다가
뭉실한 구름이 된다

땅속에 도라지도 움츠렸던 너의 손은
무른 내 속을 달래려고

주먹 둘 속에
고구마를 감싼다

살며시

하루를 보내고
내 집에 들어오면
비밀 창고가 되어 있는 냉장고 안

밭에서 이동한 야채가 한가득
어느 날은 초코빵이 날 기다린다

오늘은 식탁 위에 비릿한 물체
익혀서 온 굴비가 덩그러니

따끈하네

낮에 너의 목소리 신이 났지

내 공간에
노심을 놓고 가는 어머니

무지개

잉어가 운다

달을 머금은 은파에

빛으로 쓸어내리는 까만 침묵
잉어의 입속으로 찾아드는 별들

아침 풀잎은
햇살 줄기 날아들고

구름 사이로 하늘이 드리운다

울어도 될까요

소리 없이 바람에 움직이는
가녀린 꽃잎

일렁이는 물살 안으로
숨어 버리는 눈동자

손짓하면 밀려났다가
제자리를 메우는 새벽안개처럼

두 귀로 묻어오는 글자는
그냥 스미게 둘 수밖에

하얀 땅에 굴리고 굴려
키다리 눈사람 되어 버린
오늘은

새벽

천장에 남겨진 누런 전등 껍질

하얀 종이에 속삭이는 글자들

두 눈은 지긋이 초승달이 된다

그제야
공중에 든 아들의 스탠드

내 방안에
은빛 소나기가 쏟아진다.

선물

원룸 나오는 날
구르마도 잊은 나

차곡차곡 짐 싸기를 네가 다 하고
가벼운 짐 내 손에 쥐여 주고
거대한 박스 네 어깨에 얹는 너

취업을 앞두고
집에 있는 너는
저녁 요리사

식탁 위의 가지런한 보쌈과
새초롬한 무생채가
나를 기다리고

10분 늦게 들어온 나

열기를 발산하는 보쌈에
네 마음은 동동 구른다

따끈하게 줄려고
너는 바빴다

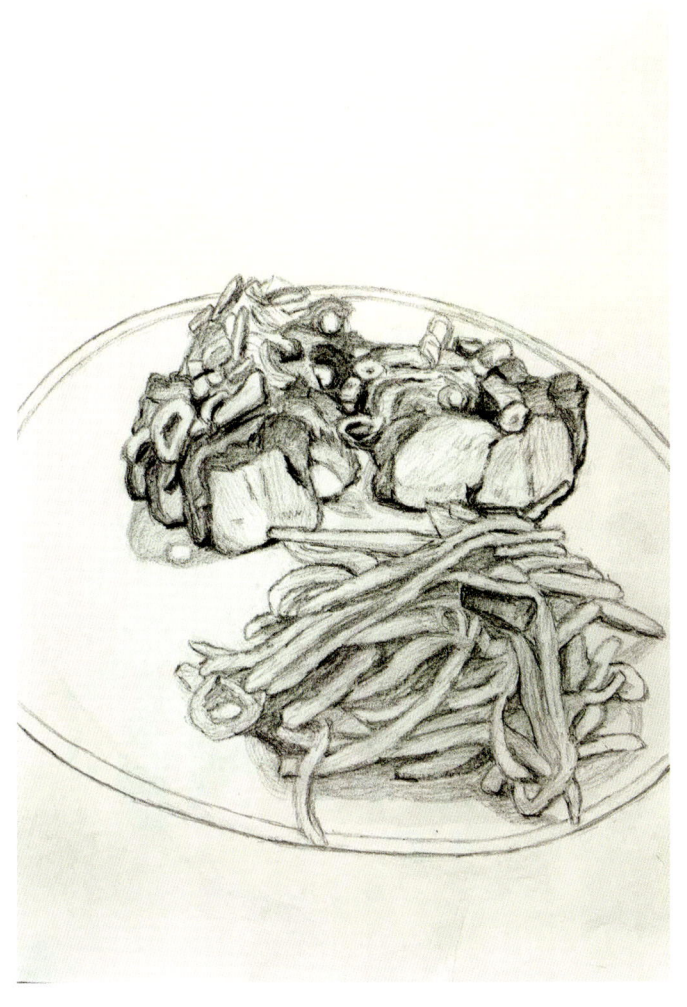

소풍

하늘빛 솔숲 그리며 배낭을 멘다
끝없는 하늘처럼 세월 보낸 소나무

빗방울 떨구고
눈송이 내려뜨리고

맥문동 하늘거리는
솔숲의 소근거림이 끝날 즈음
석양이 내리면

내 속에 드리우는 보랏빛 고요

3장

하얀 겨울눈이 녹으면
햇살 봄은 가까이 오지

김장

"내년에는 안 할 거다"

얼었던 밭이 녹고
고단했던 그날도 잊고
가을배추 씨앗은 땅속으로 들어간다

도봉역에서
야근하고 퇴근
기차를 타 장항역에 도착하고
택시를 타고 원수 동 엄마 밭에 가는
큰언니

푸성귀 훑어 싹 쓸어 담고
가지에 대롱대롱 매달린 골드키위 털어 내고
굽잇길 걸어 30분
엄마 집에 오네

바늘과 실

포천서 고속도로 밀어내며
장모님 밭에 가
비닐 치고 전기 달아
불 밝히고 처갓집에 도착하는
큰형부

2박 3일 머무르는
바늘과 실

고춧가루를 품에 안은
웅장한 고무대야
그 속에 큰형부의 기다란 고무장갑은
묵직한 소용돌이를 일으킨다

엄마와 둘째 언니와
막내와 나는 둘러앉아
배추에 양념을 선보인다

양념을 많이 발라 혼나는 나
서툴다

소용돌이가 내려앉고
가을배추는
겨울 속으로 들어간다

엄마는
"아고, 힘들어서
내년에는 김장 안 하련다" 하신다

봄의 땅속으로
또다시 들어가는 배추 씨앗

어부바

분홍빛 넘치는 정아

경찰 아빠 닮아
뼈도 튼튼하고 힘이 세단다

정아 등에 거뜬히 업히는 나
내 등에 묵직하게 붙어있는 정아

정아 흘릴까 온 힘 다하는 나
내 허리 부러질까 걱정하는 정아

눈송이

하늘 가린 눈송이 보며

언니 머리하는 내내
기다린다는 동생

시간 지나 배꼽시계 울리고

갓 지은 하얀 밥 위에 구운 김
입술이 빨개진 멸치가

사르르 입속에 내려 녹는다

맛있어

묵묵한 너는

이른 아침 딸을 데려와
검은 봉지를 열지

데워진 우유
한 개 더 먹으라고 3개를 놓고 간다

퇴근길에
너의 가방 속에서
슬그머니 내미는 김밥 두 줄

꼬르륵
뜨거운 토요일이 배고플 때
한 보따리 빵을 건네는 너

너의 큰딸 결혼을 앞두고
조용히 내 공간에 와서
점심을 먹고 갔지

어느 날
노란 잎이 떨어질 듯

가을이 찾아온 듯
네 주름 속에 쓸쓸한 바람이
불고 있었어

하얀 겨울눈이 녹으면
햇살 봄은 가까이 오지

그 어느 날 너는
"언니, 행복이 때문에 살맛이 나요" 말한다

오늘이 맛있다

4장

높은 하늘을 잡아당겨
서리 내리는 밤 달을 울린다

장항 송

굴뚝에 하얀 학 울음

높은 하늘을 잡아당겨
서리 내리는 밤 달을 울린다

무디어진 부리

아버지의 이슬이
방울져 내린다

솔숲 송

백향목 위에 해오라기

뜰에 잠든 절조 꺼내어

달빛 청아한 노래 부른다

5장

파란 하늘 구름은 포근한 거야
살포시 미소가 지어지거든

크리스마스 꿈

크리스마스 새벽이었지
십자가를 뒤로 보내며 걸어 내려오던
예수가 내 옆에 멈춰 섰어
예배당 중간쯤에 말이야

예수가 무엇인가 질문을 하는데
나는 "사랑입니다"라고 대답했지
미소 지으며 고개를 끄덕이는 예수

나는 물결 이는 장발의 그에게 다가가
검게 그을은 얼굴을 만지는데
굳은 황토같이 단단했어
광야의 세월을 흡수했나 봐

내 코를 그에게 바짝 들이대고
공기를 마셨어
무향의 향기는 그만의 매력이겠지
보이지 않는 사랑을 주듯이

십자가를 향해 천천히 되돌아가는 예수

순간 예배당 뒤쪽에서

새하얀 옷과 모자를 쓴
세 여자가 나타나
흰 눈 같은 둥근 빵을 내 손에 얹어주네
천사인가 봐 온화한 그녀들은

내 옆에 앉은 다섯 사람과
뒷줄의 여섯 명과
그 뒷줄의 다섯 명의 손에도
빵을 얹어주는데

나눠 주는 천사의 얼굴엔
자비가 묻어 있네

나는 예수를 잘 모르고
사랑이 뭔지 모르나
눈처럼 하얀
따스한 그 빵 같으리라

예수와 사랑은

비밀

한 사람이
강아지를 발로 찼어

강아지는 가만히 있었어

어느 날 그 사람은
또 강아지를 발로 찼어

이번에도 강아지는
가만히 있었지

아프지 않았을까?

아팠을 거야

"아프잖아"

친구

밤하늘 별님은 따뜻한거야
널따란 하늘이 아늑해졌거든

파란 하늘 구름은 포근한거야
살포시 미소가 지어지거든

아늑한 곳에서
미소 짓는 내 아버지는

가까이서 멋쩍게
웃음 짓는 내 어머니는

늘
날 바라보네

흰 구름

노모는
그리움 등에 업고
산등 낙엽 길 밟는다

가을의 중턱에
엉덩이 내려놓고
얼굴엔 봄꽃이네

해가 동쪽에 뜨면
서쪽 문안에서 모시 삼고
해가 서쪽에 기울면
동쪽 담 밑에서 모시를 삼네

무뎌지는 무릎

까만 새벽 한산 장날에
세모시 팔러 가고
홍동백서 들고
논산 산소 찾아가네

봉분에 잡초 사라지고
멈칫한 바람 지나면

안개 같은 그리움 스쳐간다
뽀얗게 익은 봉분

나란히

등굣길 아침
주인을 묵묵히 기다리는 신발
그의 삶 속에 온전히 동행하지

신발은 버스를 타고
너른 학교 운동장을 뛰어다니고
점심에는 맛있는 향기를 맡고

발가락 틈새 수분의 몸부림을 실어
버스를 타고 돌아오는 발걸음

매일 아침
주인을 기다리는 유리 구두는
그 자리에 다소곳이 앉아 있네

무지개

너울대는 잉어

달을 머금은 은파에

빛으로 쓸어내리는 까만 침묵
잉어의 입속으로 찾아드는 별들

아침 풀잎은
햇살 줄기 날아들고

구름 사이로 하늘이 드리운다

나에게

별이 내 편일 때
시간의 길을 걷는다

태양이 서정에 가라앉고
새벽이 내릴 때
나는 글이 되고
글은 나를 읽는다

잔잔한 맥박의 울림

밖으로 안으로 왕복하는 내 심장을
잘 익은 달이 내려본다

눈 속을 걸어가는 마른 뼈에
하나님의 자비가 내리네

내가 내 생각을 듣게 된다

주인을 찾아 헤매던 유리 구두는
자신을 그리워하는 주인을 알아보네

내 체온을 뜨겁게 달구는 램프

알라딘의 램프 뚜껑이 열리고
나는 무한대의 서정을 조각하는
미켈란젤로가 된다

살아 있는 꿈이 된다